Gemma De Felice

BARZELLETTE
E
ALTRO
RIDIAMO CON TIM E CON

Youcanprint *Self - Publishing*

Titolo | Barzellette e altro ridiamo con Tim
Autore | Gemma De Felice
ISBN | 978-88-91153-27-2

Youcanprint *Self-Publishing*
Via Roma, 73 – 73039 Tricase (LE) – Italy
www.youcanprint.it
info@youcanprint.it
Facebook: facebook.com/youcanprint.it
Twitter: twitter.com/youcanprintit

COME SI VIVE
1) Quanto le devo
-Niente
Non è mai successo
Capita tutti i giorni, ribattè l'altro
-Allora il valore dei soldi fa risparmiare
...E viver bene
HO TUTTO E NON SPENDO

2) ..... Mamma, che rumore fa il motosega.
–Va bene con i trucioli si fabbrica un'opera d'arte e si dice
che essa crea un'armonia divina.
.... IL RUMORE CREA

3) UN NUOVO MODO DI VIVERE
.... Basta , basta non ne posso più di sentire.
-Basta che ti turi le orecchie...
-E poi che fai?
A chi ti cerca gli dici che non ci sei.
-Impossibile se non ci sento come gli rispondo?
UN DILEMMA ....

4) Se ascolti impari
-Si, gli altri
E a cosa ti serve?
-Ti fai un'opinione di chi parla e
... -E a cosa ti serve?
A vivere in armonia.
....IL CERVELLO E LA VITA

5) La campana degli stolti....

-Succede e non si lotta!
-Nel vangelo succede ...e SI VINCE

6) SEMPRE DI PIU'
L'uomo chiede sempre di più e c'è la roba!
-Ma, occorre una strategia e bastano gli in pochi ad ottemperare il servizio.
-Però....
Però si stancano e .... Occorre la resistenza fisica
-E poi
-E poi si ammalano
-E poi
-E poi arriva la pensione!
 E sei molto contento e certo di aver fatto le cose giuste.
-e poi il prodotto chi lo fa?
-Ma chiami altri a lavorare. E' un ciclo
-si il ciclo: se va bene continui altrimenti...
-_Altrimenti, si racconta una volta si faceva così.
-Ecco perché quando cercavo.... Quella cosa non la trovavo, non c'è più è il disuso.
E'IL DISUSO

7) IL COMMERCIO
LE COSE ....VANNO AMATE PER AVERLE E NON CHIAMATE....
E DOVE AL NUMERO VERDE?
E COSA GLI DICI?
CHE VANNO BENE!

8) Un sondaggio e un racconto
-I sondaggi nessuno li capisce.

-OcCorre troppo la televisione, il movimento delle immagini.
-Ma la televisione e le immagini...
Basta un solo che parla in mondovisione e....
ATTENTI ALL'APPUNTAMENTO
-Così ribattè l'altro prEndi in giro tutto il mondo.

9) UNA RISOLUZIONE
Una risoluzione.....
-Mettila per iscritto.
Allora occorre un computer per la diffusione.
-No, la fotocopiatrice
Chi le costruisce, sa e a taciuto...
Perché non lò sapeva.

10) Accipicchia........ che colpo
-A cosa alludi.
Ma che l'ho solo pensato....
e per spiegartelo mi occorre tempo.... E ancora non è tutto chiaro.
-Allora sei scemo.......
UN'IDEA DA COLTIVARE(RAIN BOW)

11) Se parli bene tutti capiscono.
-E' relativo
E se è stato già fatto
-Si continua, invece di ripetere.
ECCO COME NASCE UN SERIAL

12)La lingua italiana è la più bella.
-E' musicale....

Devi dimostrarlo?
Allora devi cercare qualcuno che la canti.

13)Un tizio nel guardare una barzelletta pensò.... Ma non è
una barzelletta è un omicidio.
-Perché ribattè l'amico.
Perché nella vignetta c'era un morto
Degli uccellini ed un veleno...
-Ma che sbadato!
-Gli rispose l'altro non ti accorgi che è un messaggio per
poter uccidere qualcuno e queste cose non si dicono.

14) UN MODO DI VIVERE
Una caramella è facile da fare.
Eppure tutti la comprano.
E' come i confetti.
Ma è difficile, è difficile confezionarli.
UN CONFETTO BIANCO E LA CHIMICA.

15) Al mondo tutti comprano.
-E le casalinghe?
Ma, alcune ricette nessuno le sa fare e il mercato va.
Il mercato insegna nel tempo con i concorsi, le scuole e le
chiacchiere tra comari.
VA TUTTO BENE COSI' AL MONDO

16) Un tale (un genio) stava poco bene e pensò di andare
da qualcuno a vendere le sue idee, essendo stanco e iniziò
a parlare con solo qualche idea scritta e poi disse: però per
piacere, io non ho tempo da perdere.
-Secondo te chi aveva ragione.

-Il genio senza dubbio.
E perché
Perché per comprare occorre una buona memoria e lui si ricordava di averla già venduta.
COSE CHE CAPITANO.

17)La memoria è indice di intelligenza?
-No, il cervello funziona lo stesso.
E come si collegano gli avvenimenti?
-con le idee che gli vengono al momento,rispose.
Un tale ascoltando ciò, pensò di andare a caccia di particolari mnemonici per confutare queste affermazioni e saggiare l'intelligenza del compagno.
-Alchè il compagno ribattè: io ne ho la prova ,è così che vinco al totocalcio.

18) All'A.S.L
Come si pronuncia: Ascl o asl.
-Quale delle due pronunce è corretta, farneticava un tale.
Ma dipende da cosa significa esse, rispose l'altro.

19) Un tale voleva inventare il macroscopio.
E non ricordando bene le lezioni era titubante sul da farsi, pensando forse già c'è.
E cosa si vedrà, pensò tra sé,forse quello che vedono i miopi
-E cioè?
Ma , ribattè, sospirando, vedono quello che vedo io, e non possono far altro che darmi ragione.

20)Un tale era in dubbio sulla ilarità di una barzelletta e
rimurginava tra se. Un amico gliene chiese il perché e lui
con arguzia gli disse: non ti preoccupare basta che le
racconti e chiamo un mio amico che si mette a ridere. E
basta , ribattè perplesso.
Certo tanto la gran parte della gente è assorta nei propri
pensieri ed è lì per perdere solo tempo.
Iniziarono quindi la rappresentazione e ad un certo punto
un astante urlò: Dite a quello stupido di smetterla di
ridere.

21) UN MESTIERE COME I BAMBINI
La mosca cieca è un gioco per bambini molto educativo....
-E che si fa?
..... S i benda un bambino e lo si invita a cercare qualcuno
o qualcosa .... E l'altro replicò, ecco il mestiere che io
svolgo, la ricerca di quello che c'è e ne parlo ma non mi
bendo. E anche io spero che gli altri mi ascoltino e
imparino giocando.

22)Un tipo giusto....... È quello che ti va....
- Non è vero?
L'uomo ha una grande capacità di sopportazione e accetta
tutto e tutti anche le cose ingiuste...... e cerca di
eliminarle....
E le persone, replicò , interessato all'amico..... ma è
semplice le elimini.

23)L'UNIONE FA LA FORZA

...... l'Ho comprato, ribattè un tale e ho fatto.... Un'opera d'arte... e poi sono andata al Festival ....(quello di competenza e)
....Ho vinto.

24)all'A.S.L. un tale farneticava E diceva : COME SI PRONUNCIA?
-E' SEMPLICE E' COME CHIAMARE GENNARO rispose l'altro..

25)Per perdere tempo e soddisfare il cervello....
Io scrivo/ leggo qualcosa e il cliente mette in moto il suo cervello leggendo quello che faccio io e insieme all'altro si costruisce una storia e a sua vlta egli scrive
- Si, ma sua di me.
L'IMPORTANZA DELL'INIZIO
26)Il cliente ha sempre ragione....Certo
-Lo scritto ha un termine fisso di mutuo consiglio.

27)Un linguaggio matematico col termine fisso: $ax= b$ se e solo se....
-TO CONTINUED
Per fare così a scuola sono stato bocciato!

28) Il monopolio e il monopoli
Un gioco e ....
Anche il monopolio lo è
Ma non tutti lo sanno....
UN GIOCO DI PAROLE

29) L'ESPERIENZZA INSEGNA....

Non ci credo.
Come mai?
Chiedilo a uno che è caduto.....per la seconda volta e ....
Capirai.
- Se si cade una volta
non si cade più
Falso, conosco un tale che poi è andato sotto una macchina
e ....
Pensava di farcela a scoprirene il perché.........lo volevano
uccidere.

30)La bugia è molto imortante....
Allora la 180 va abolita
-Perché?
I pazzi non ne dicono, perché non possono gli mancano le
idee.

31)Con i trucioli......
un'idea
e col Vinavil è la stessa idea che continua......,
un brevetto, due brevetti.....
(una suola, una statua....)

32)Con i trucioli..... un'idea e col vinavil si viene promosso
in Storia dell'arte.

33).....E gli Americani costruirono una forma e ce lo
misero dentro...l'impasto(truciolo e vinavil) e...
-E gli italiani col non saperlo fecero la volontà di Dio.

34)Se si rende un culto a Dio e non si sa cosa succede?

Si merita....
No, che merita lo sciocco
Ma si dice che la fortuna è del principiante ....anche con
Dio.

35) I ROMANI E LA ROBOTTICA....
GIA' SI DIVERTIVANO A MARE....COL SHERF.
36)Che strano.... Tutti conoscono Ulisse e non si capisce
che ieri ,oggi e sempre .... È lo stesso.
ANDREBBE CESTINATO.....UN'IDEA

37) La nutrice di Ulisse era con lui anche nelle
avventure.......ma! E'una tattica di guerra.
I Cinesi si portavano le mogli....
Ulisse le trovava sul posto e si costruiva un altare.....
E TUTTI LO STUDIANO OGGI

38)Dammi una mano, che modo di dire!
-Non si smonta la mano
Accidenti bisogna andare a scuola per capire e ....si
continua.

39) Dammi una mano.....
SENZA PAROLE

40)Il mio hobby:
pensare e scrivere
Per pensare occorre Dio....
E scrivere serve per dirtelo
-E per credere?

A me questo mi fa ridere... occorre lavorare per farsi credere....
Qualcuno lo chiama amore
-No, perché lo vedi.

41)IL TONO
Parlare e scrivere vanno d'accordo.
Si, scrivi e poi lo racconti
Altrimenti gli altri non capiscono.
Va bene, puoi provare a mettere le virgole.
IL FUTURISMO

42)Anno o cioè 2000 e poi...
01, 02,03 e
Così si conta.
No, è stato inventato....
E si continua nel tempo.

43)Per far ridere occorre l'humor...
No, occorre un'idea divertente e trovare chi vuol ridere.

44)Attenti al cane....
E' bastardo e ....vince.

45)No, non va, ribattè il frocio ad un intervistatore...
Perché?
Perché nesuno se n'è accorto che lo sono... e si gode e ... le cose non sono dette bene.
Allora ribattè: tu adesso lo hai detto, prova a raddrizzarle e a far vedere al mondo chi sei. No rispose il frocio deciso,...

dovrei dire a tutti che si paga il piacere e noi ci
nascondiamo.....nel giardino..
UN'IDEA IN PARADISO

46)Il frocio ..... paga perché è impudico e poiché sono
educati e si nascondono il mondo prova pietà di loro....
-Dio nel silenzio li punisce

47)Alcune cose fanno ridere altre no, altre idee
fondamentali, altri brevetti, e poi ci si aaccorge che al
mondo va tutto bene.... E che Dio l'ha sempre detto a
tutti:.io sono perfetto e aggiunge siate perfetti come il
padre vostro che è nei cieli
-Ed io che pensavo di sapere chi era mio padre.

48)Per perdere del tempo un tale si divertiva a ripartire le
sue giornate tra diverse occupazioni e poi giungendo la
notte si addormentava..
Ma un giorno accadde che non pigliava sonno e così per
diverse settimane, infine andò dal dottore .Egli gli
diagnosticò una malattia nervosa. Il tale non essendo
d'accordo replicò: No, io non dormo solo. Fu così che il
medico gli prescrisse delle medicine ed egli ricominciò le
sue attività come se nulla fosse accaduto ,dimostrando
così di avere ragione:
Andò dal dottore nuovamente ed egli gli rispose.....Va
bene ma io mica ti ho dato dei sonniferi.

49)Accidenti
e i santi , ci aiutano se li chiamiamo.
No,se diciamo delle novene per rendere loro onore...

-Cosa?
Se li riveriamo ci danno dei beni?
-Certo
I BENI SONO DEI SANTI

50) Credono tutti ai santi....
Infatti il 1° Novembre sono tutti al cimitero
-E capperi e dindirindina, gli affari vanno bene a nostro
Signore.Lui ha promesso e mantiene.
-Lui mantiene, ma le perone si dimenticano o non sanno
aspettare
.... Non sanno aspettare
E chi te l'ha detto: la bibbia e infatti in chiesa si dovrebbe
dire
ASPETTA CHE TI PASSA....
No, i fiori dove li metto?

51) ..E i giganti?...UNA STORIELLINA ALLEGRA PER
RICORDRSENE.
Se le cose stanno così... in chiesa capivano tutti... scema,
scema e invece dovevano ascoltare veramente, hanno
ascoltato e hanno capito troppo e si sono ribellati.
Ma perché?
Perché era troppo pesante il fardello.... Prima lo facevano
portare ai giganti..... a loro era leggero.
I giganti? Ma Golia!.... e la fionda, il solito birichino..... (E
in mano non aveva niente)
C'e' anche oggi la fionda e il biriccchino poi! C'è il carcere
meno male (E ci hanno messo Silvio Pellico) Per fortuna
che l'hanno costruito!

La gente per paura di pagare sta attenta e ...non .sbaglia, i biriccchini sono i bambini e come al solito si può litigare:Dio aveva pensato così bello, i pacchi grossi li faceva portare ai giganti e vivevano in armonia!.... E gli extraterrestri poi, li dimentichi?(un'idea al cinema americano)..... Ma Dio non se l'è scordato, furono i bambini e così nacque la scuola!... e per ripetere sempre la stessa cosa.

52)OLIO E ORO......
Ma gli ebrei..... per avere l'olio occorre uccidere il bufalo(o altri animali) .... e poi gli E brei non ce la facevano più a ripetere e se lo costruirono d'oro e gridavano a D io ....l'oro a Dio l'oro....

53) ..... E ti ricordi... l'hanno chiuso dentro una botola.... E Va bene sono stati i briganti , ma lo hanno dato/ venduto agli egiziani e ..... essendo gli E giziani gli A mericani...... te lo lascio immaginare.... E poiché i briganti non conoscevano l'America è stata una fortuna
E poi, accidenti,che scoperta che ha fatto Cristoforo Colombo E andava sempre in chiesa... secondo te come l'ha capito?
Semplice ce l'ha detto l'io.
54)Cento cinquanta la gallina canta.... E il peccatore al canto del gallo fa ritorno.... Perché? Mormorò un tale....perch'è l'anitra all'arancia è più buona.....(SI DICE CHE CREDERE E' PATIRE)

55)... A rancia meccanica...

E con le compresse di vitamina c...è una scoperta.
IL COMPLESSO C è DIFFICILE?
Si, deve essere accompagnato dagli altri ingredienti e
diventare una sostanza che fa bene.......-cura! ....E che cosa?
Le membrane
E io che pensa o fosse una scoperta robbottica.
E cioè?
Come il cavallo di Troia ingannò i Troiani, così l'arancia
meccanica è un robot ....e inganna gli ascoltatori.
E.......i nemici son i più forti.

56)Accidenti.....l'hanno bruciati vivi e .....arrosto la carne è
la migliore (ma nessuno l'ha mai detto) I CANNIBALI
Vabbene può essere una scoperta.

57)Kunta Kinte e ....
I cannibali.... Vanno d'accordo con i macellai.....dottori.
UNA TATTICA POLITICA

58)Amare significa conoscere tutta la verità.....Si dice che
chi sbglia paga.......Ruanda e la verità.....
CONTO CORRENTE PRO Ruanda....MA!

59)Ci credi?.....CHIEDIAMO AGLI ELEFANTI LA NOTTE
DI Natale.......
E praticamente sarebbero buoni da mangiare, ma non ci
riescono ad acchiapparli.
-E...gli elefanti s'inventarono una danza....dicendo
veniamo anche noi ll festa,....(COSI' SI RACCONTA)

60)Il cocco ....drillo è il leviatan.

-Ma ,no!....e' come le lucertole....e parlano la stessa
lingua......
E Dio pensò l'arca e un .....piffero per chimare le bestie.
Poi ci avrebbe ripensato e disse.....mangerai col sudore
della fronte.
-Certo ci vuole una fatica per catturali per cucinarli e
......mangiarli.
(e certe volte stanchi, mentre stai per mngiarteli ti viene
sonno)
Dio ,invece avrebbe col sonno evitato ai suoi di cadere in
peccato. Tutte queste cose a me fanno ridere.

61)E i bambini potrebbero dire che non è così
-E invece quanta fatica per farli parlare.... E quanto
parlano.....si lamentano sempre.
Un tale ascoltando questo discorso replicò e pensare che
siamo stati anche noi bambini, se ci ricordassimo come
eravamo, risolveremmo i nostri problemi.
Fu così che insieme decisero di interrogare un bambino e il
piccolo con fare arguto replicò......NON SO NIENTE,
RIPETO QUELLO CHE MI DICONO.

62)Se non capisci....
si ripete
Certo, anche più di una volta
E perché?
Per educazione.
....E a scuola si ripete l'anno.

63) Accidenti che caos.....quando piove.
Ma si apre l'ombrello.

Che bella invenzione.
Ma ci si bagna lo stesso, anche se lo apri.
-E se lo tieni chiuso.
Quando piove?
-si.
Se lo tieni chiuso quando piove sei un cretino.

64)Al sole ci si abbronza e ci si cura.
-E al mare è il posto giusto per prendere la tintarella, e....
E la cura, replicò l'amico.
Ma il divertimento cura i nervi e le risa addolciscono le
giornate.
Si le risa che si fanno gli altri nel vederti nudo.
E va bene si curano loro.

65)canta che ti passa.
-Cosa?
Il dolore che senti
-Si, il canto si può fare. Ma la voglia non c'è a causa del
dolore.
Vabbene ,basta concentrarsi e pensare alle parole......
Esse ti tirano su il morale.

66)Se conti ....
Canti.
E cosa?
MA: UNO, DUE TRE, QUATTRO, CINQUE, SEI....

67)Un complice al delitto....
-Sta zitto.

68) Se non sai
Non avrai
(UN DETTO)

69) Un dilemma....è risolto quando tutti sono d'accordo
sulla prova della sua inutilità e....non ne tengono conto.
-E lo buttano, ribattè un tale.....per esempio:essere o non
essere vita e morte non vanno d'accordo e......
-Va bene, ma se non ne tieni conto non sei in errore.
-Ma replicò all'amico pensa che se fossi morto non avresti
più nessun problema.

70) DUE ANGELI
Aspetta....
Ogni generazione ha la sua pena....
SHEMA'   ISRAEL
Ma,io mi chiamo Gennaro.

71)Accettare eventuali critiche....
-Ma ,Iddio vede e provvede
(due angeli)

72)Gli amici di Dio
Gli amici di Dio
AH.....AH....
A tutto c'è un termine: la bestemmia contro lo Spirito
Santo
Uno stop in paradiso.
......alle risa dei gladiatori.
73)Criticare fa bene.....
Aguzza l'ingegno e....

Rompe le scatole.

74) Da DIO ....VANNO TUTTI I MORTI
E ....IO SONO IL Dio dei viventi....
Perciò si crede
-Un tale ridendo arguì.....NO, perciò se ne vanno tutti.

75) La speranza ultima è.......
Con DIO risorto e vincente
.....si, e questo avviene durante la vita.
76).......e li perdona.....
Gli amici di Dio sono solo quelli.
(Un interesse in paradiso)

77)Non tutti possono capire e credere e vedere   poi....
Il peccato irremissibile.
Si, play boy.
Si, dopo che l'ha visto.

78)....Dopo Eva....prima di Eva.....
Il nudo e ...DIO LI VESTI'
CON LA SERPE
   UN DILEMMA IN PARADISO

79Una cintura per il.........
 Paradiso dire la verità.......e scriverla poi....
 SEMBRA FACILE

80)L'IO E LA SOCIETA'
Un tale vendette ....l'anima....
Si, al mondo.

81)LA PAGA –La vendita
E il plus valore ....e....e....
Qualcosa di più.

82)E' COME DIRE CHE NON SI Può.....
E INVECE Dio dice che tutto è possibile!-Anche la
bestemmia contro lo Spirito Santo(OSSIA IL NON
AMMETTERE CHE DIO PUO'RIMETTERE IL PECCATO)
OSSIA PERDONARE
-no,guarire la vittima!.

83)Dio e l'eco.....
- Ma glielo ho detto mille volte e l'eco una volta e
......sbaglia?
-Tanto l'ha inventato lui.

84)Dio e l'eco
Si,ma di Medjugorje.

85)Perdette la voce ,
-.chi?....
Psico! No, Euridice
Così la si smette di dire
E così si dice.
 ma si racconta:Non ci sento!.

86) Se ti va di raccontare, incomincia a parlare, le parole ti
sgorgheranno facilmente dal cuore.
-Ma dal cervello!

Anticamente si diceva che il cuore è la sede dell'amore e
parla di qualunque cosa.
-Certo altrimenti parleresti solo d'amore, e con la
concorrenza bisogna scegliere.
-E l'amore va sempre forte!

87)....In due si lavora meglio
Quando ti stanchi c'è chi ti sostituisce.
-Ma ribattè l'amico: Ti ascolta, altrimenti come fai?
-Ma replicò l'altro uno è psichiatra e un altro è psicologo!
E quando si parlano facilitano la vita.
-Si, si parlano immediatamente col pensiero e la cultura li
unisce e facilita la vita.
- Si, del paziente!

88)Dir a qualcuno cosa deve fare è incredibile per alcuni.
-E' come quando apri l'ombrello. Lo sanno tutti e invece
glielo devi dire.
Ma è un problema!
-Che fa ridere.

89) Menzogna è incapacità di uscire da un loop(Un ciclo)...
-E' matematico, no algebrico
E i conti tornano, soprattutto quando non dici dove tieni i
soldi!

90) I pazzi sono mancanti e non vanno pagati!

91) I bugiardi aspettano di trovare qualcosa e poi possono
dire che è la loro roba!

92) UN TEMPO SI DICEVA
Un occhio è Dio
E lo mettevano in un triangolo
E insieme fanno l'immagine di Dio presso gli antichi.
-E adesso: La scuola presso gli antichi era non era,
insomma alcune cose allora non c'erano!
Un tale ascoltando disse il suo parere:
No quid pare!

93) IN USO PRESSO LE SCUOLE
Usare la preformance, e dopo 20 anni che vai a scuola ti
abitui e gli dai valore.
-no accetti e compri invece di produrre.
UN'ILLUSIONE: IL LAVORO.

94) Le illusioni sono vere....
Chi le costruisce ha lavorato ed è degno di rispetto.

95)Un topo rode
-Si ma di noia!
96)la boxe fa male!
-Ma solo al pugile!
No a me, perché ho scommesso ed ho perso.

97)L'incontro è casuale!
-No, replicò l'amico è voluto, perché esci ed incontri gente.
-Ma replicò il tale io esco sempre e non incontro mai
nessuno.
-Il tale gli disse va al bar e incontri tanta gente.
Si rispose, e poi gli devo pagare il caffè!

98)   Se profumi sei profumato.
Se puzzi sei puzzolente.
-E se sei scemo? Disse un tale ad un amico
E lui replicò:Fai ridere tutti!

99)L'occhiale è per chi non ci vede!
-Ma replicò l'amico e quelli da sole?
Ma disse quello: servono a nasconderti!

100)Se cadi è perché sei distratto disse un tale.
-No, sono inciampato rispose l'altro
Il tale sicuro replicò: No, non c'è nessun sasso e....
-Qualcuno ti ha preso il portafogli.

BARZELLETTE

TIM E CON

BARZELLETTE E ALTRO

1) Einstein ha inventato la relatività ristretta....si, dopo
che l'ha lavata.

2)Einstein è un genio
   - e dopo l'olocausto?
 E' un genio bruciato, ma bugiardo!

3)LA VITA E' UN DONO.....
    ALLORA E' QUELLO CHE VOGLIONO.

4)Tutti i viventi mangiano.....
Sono tutti morti di fame.

5)In edicola c'è tutto ma non si capisce.

6) Vivi in un mondo bello........bello ....e pulito... e lo
smog... sono i pianeti che passano e lo sporcano.

7) Il mondo così gira.... No, gira la terra!

8)......e l'olocausto allora...ci son le filmine.
Ma, e nessuno ci crede che è una bugia!

9) Una barzelletta costa, e molte di più!

10) La politica è il telegiornale......
-Perché nessuno può sapere cosa dice!
    BUGIA O IGNORANZA

11) Una persona parla e dice molte cose.....
-Ma anche il pappagallo.....si, ma lui ripete.

12)Gli A mericani e il fisco..... non dovrebbero pagare......
perché non ci sono.

13) La mia politica, la mia politica....è la mia città
- A cosa alludi?
Al fatto che si guadagna facendo politica......e gli altri ci
credono.

14)La scoperta dell'America ha stupito il mondo......ma la
successiva scoperta è stata l'Europa
-Come mai..... perché ha pensato di nasconderla.

15)Gli A mericani saranno stùpiti
E perché?........ Bastava che lo dicessero....... Che c'era
l'America.

16) Gli A mericani non vanno di certo
all'Inferno.......perchè?.....perchè non ci sono.

17)Quando ti confessi......molti ti chiedono hai avuto poco
rispetto della religione, e poi aggiungono hai parlato male
del Papa?
-E per questo motivo deve essere un posto molto ambito.
-No perché non c'è libertà di parola e te lo mettono in
testa.

18)Gli Americani vanno di certo all'Inferno –Perchè non ci
sono.....e non ricevono i sacramenti.
Deve essere una nuova invenzione del Papa.

19) Gli A mericani..... la storia..... l'anno zero.......Questa si che è una barzelletta.....E' Tutto da scrivere e loro hanno le macchine.

20).....sono morto per il troppo lavoro....no, perché, nessuno lo sapeva dov'ero e sono caduto.

21)La scoperta dell'America è stata una grande scoperta
- Ma quella della lingua lo è di più.
Perché?
-Perché è incredibile come si possano nascondere le cose...... anche l'America.

22)   ALL'ALTRO MONDO-
Ma allora davvero sono stati gli A -mericani .
-Si ,ma non sai che è una nuova scusa.
E perché?.... Ma per dare la colpa a qualcuno...... e noi dobbiamo lavorare e fare le indagini.
UN LAVORO IN PARADISO.

23)Dal professore......
        SENZA PAROLE.
Va bene era raccomandato.

24) Si dice e si racconta... che la vita è bella!
-No , che è vera:

25) Il libro è molto importante...... e per questo li hanno bruciati...... e come mai non ha funzionato?
-Perché ce ne sono molti e la gente si stanca a leggerli e a riflettere.

26)Qualcuno ha nascosto l'America......
E gli A mericani si sono arrabbiati
-Certo , erano già qua.

27) Si scrive in modo unico dice la maestra.....lo sappiamo
dalla matematica........-E a lei chi glielo
insegna?......L'Italiano!

28)Maestra posso scrivere come ho capito?
-si, è d'obbligo.

29)Pensi che si può scrivere come capita
-si,ma poi ci vuole l'interprete.
No, ribattè la maestra basto io....
LA SOCIETA'

30)Se non si vede non si crede....
-no, si crede per fede.....Allora per alcuni occorre il timbro
in fronte......vedi l'Apocalisse!

31) Ma, due professori tra loro......
Ho trovato una segretaria che spiava Giorgia
-Giorgia era la prima della classe.
E cosa ha fatto?
-Ma le ha rubato un fumetto.
E lei non e' andata in tribunale.
E sai perché..... perché è intelligente.
Così vanno le cose al mondo
Così vanno le cose .....sui libri.

32) La sai l'ultima.....no, gli imprenditori sono d'accordo
con le G.A.P.......e come mai? Vanno con la ventiquattrore.

33)Il lavoro è importante....no, lo è il tempo.
-Perché lui c'è .....E' il tempo che si perde.

34) L'Italiano è difficile!
-Può essere!
Vuol dire che lo conosci....
-          Per capirlo devi leggere tra le righe.

35)Cioccolata   Cioccolata Cioccolata
   Insonnia   insonnia   insonnia
Uhm..... è nociva
-no, la cura!

36) L'impiego di concetto va rivalutato....
- Certo...ma sui libri di storia.
-Son tutti morti quelli che contavano.

37) Un genio .....alla borsa
L'impiego di concetto va rivalutato
-Ma allora non ho capito ancora la storia.

38)....Come mai telefoni.....per spaventarti!
-Oh pensavo per uccidermi.....
- Certo quando mi capita....ma te lo dico non lo so usare

39)2000......Pronto chi è......uhm Tadic,Mussolini, Hitler e
l'enigma.
-l'Americano si è stancato..... gli serve un volto nuovo.

40)1945 .....pronto chi è........-taci,
Mussolini..... e dopo la guerra ci ha riprovato!
-        PRONTO CHI GIOCA.
Alla guerra!

41) Pronto chi è?
-Non te lo dico..... perché ?
-Sono un assassino, ma non uno stupido.

42) I Romani i romani i romani
     Svago svago   svago
  Politica politica politica
  Risoluzione robbottica
I R omani si divertivano. Anzicchè interessarti della
politica studia la robbottica.
 Altrimenti detto invece di sfottere
Dammi i soldi.

42) Gli errori fanno ridere.

43)I cavalieri della tavola rotonda.....
-E' UN ROMANZO.
-MA FORSE UNA VOLTA.
-Vuoi dire di una volta?
No, che non ha più valore.
Certo che ce l'ha, oggi è lo stesso di ieri.
La fantasia non ha tempo.

44)Una femminista e la storia....
Sarà rimasta indietro
-perché?

-perché non conosci gli ebrei....Maria di Magdala!

45)Una femminista e la storia....
 Ormai il femminismo è sorpassato
-M a, e nessuno se ne è accorto.
Certo la storia ha sbagliato ......
Perchè la doveva uccidere.....
-E non l'ha fatto?......
Gli A mericani l'hanno svestita...(la donna)

47) Il Pianeta è abitato da persone che devono
lavorare.....perchè non ci sono i rivoluzionari.

48) Ho risolto il problema di Martin Luther King
- E cioè
La schiavitù non esiste perché le persone non vogliono
lavorare ma comandare in casa degli altri.

49) IL pianeta è abitato da persone che devono lavorare!
- Perché non conosci i rivoluzionari.
I rivoluzionari risolsero questo grande problema del lavoro
elaborando una strategia.....per non lavorare.

50) Scambio dei ruoli
UNO SCHIAVO UNO SCHIAVO
NIENTE PAGA   NIENTE PAGA
Va bene, allora
Cento schiavi , cento schiavi.

51) Pianeta terra s.o.s.
    DIO NON SBAGLIA

UNA OPINIONE DI TIM E CON

52)Per alcuni, alcune cose non hanno senso
- Per esempio la paga.

53) Un tale si è fatto rubare le opere.....
Perché gli ha detto dov'erano
UN COLMO
Un colmo di un paroliere farsi rubare le opere.

54) Scrivi barzellette...... si.E si guadagna?.....
Quando non le racconto!

55) Quando si paga.
-Quando si è compiuto un lavoro
-Non ci credo!
Perché sono uno schiavo.

56) Chi è più intelligente un paroliere o un contadino?
-Il contadino.
E perché?
Perché il paroliere tace e il contadino divide i suoi soldi......
e magari ha detto a tutti che è suo padre.

57)Un paroliere e l'economia
 Barzellette barzellette barzellette
 Pop corn pop corn pop corn
Si guadagna di più!

58)ENIGMA... BARZELLETTE ...SILENZIO

Ma..... impossibile...come mai.... Perché se te lo racconto non mi paghi!)

59) Professore professore
Cos'è l'associazione a delinquere?
Un'invenzione.

60)...Se non la smetti di fumare... sono stanco.
Fumando non si è mai stancato nessuno!
Ma ad ascoltarti si!

61)Galileo Ferraris   Galileo Ferraris
 Deficit   deficit
Devono aver rubato un brevetto o lo è!

62) Se nel libro di storia mancano dei pezzi e che sono
scappati dei pazzi!

63) Le apparizioni della madonna......
 sono molte
vuol dire che c'è un'ampia veduta.

64) L e apparizioni della Madonna....
 Sono molte!
 Vuol dire che ti credono tutti.

65)E' apparsa la madonna
-E cosa cambia?
Il look oggi e ieri!
Ieri la salute....
E molto tempo fa?

Ah ....Eva.

66) E' apparsa la madonna
- e cosa cambia?
Per esempio i soldi in chiesa
La madonna li vuole.
Deve pagare i figli preti.

67)Avere molti soldi significa essere ricchi?
-No ,significa possederne molti...
E nella civiltà dell'amore?
Diventare povero.

68)Nella vita i soldi non servono .....Perchè non risolvono i
problemi....
li creano.

69)Oh come bello stare a casa
Oh come è bello stare a casa
-Ma, e il lavoro?..... lavoro a casa.

70) Se parli ti sparo.....E se non ho capito, disse un sordo.
-aspetti Dalla Lucio che te lo spieghi.

71)LA TRUFFA E L'USCITA
   Dammi cinquantamila lire per una barzelletta........
Non la conosco e non te la posso dare.
L'uomo ci pensò e si comprò un computer per la
pubblicazione.

72)Pierino secondo te le lacrime escono sempre...

-Si, non hanno bisogno di essere accompagnate.

73)Le barzellette fanno ridere.... Non sempre!
Perché ? perché non escono.

74)L'inferno esiste...... per chi lo vede
  E se uno ci crede....?
Ma crede a chi glielo ha detto.

75)UN TIZIO DEVE LASCIARE LA FIDANZATA, MA
NON SA COME....UN AMICO GLI RACCONTA UNA
BARZELLETTA, POI GLI CONSIGLIA DI FARE LO
STESSO. MA ,E QUALE?..... TI LASCIO..... E PERCHE'.....
DICONO TUTTI CHE E' UNO SCHERZO .

76) Tutti possono ridere..... no, solo chi capisce.
  A TUTTO C'E UN MOTIVO.

77)La paga   la paga   la paga
- si vede   - si vede   - si vede
Non sempre......... arriva   arriva

78)Ma per raccontarti quello che provo....
-incomincia da adesso!
Allora, ti lascio.

79)Vai all'Inferno perchè scrivi barzellette
  No , tiro su il morale..... e la morale è da favola.

80)Un ateo a un sacerdote.E' vero che dopo la morte.... -
Si, di certo si paga anche lì! Di certo ma tardi!

81)Vai all'inferno perché tiri su il morale
E la morale....non è la tua!

82)Al giorno d'oggi non si capisce più niente...non c'è
rispetto, né Dio...-Dovevo essere uno speciale se adesso
sono tutti morti ed io allora vissi.... Sono Mosè reincarnato
-Senza le macchine?
 Perché oggi si guadagna di più.

Un'idea di tim e con

83) La monarchia ha risolto il problema del lavoro.
-E come ? Lavorano solo i monarchici.
E GLI ALTRI SONO UN POPOLO DI INETTI.

84)Cento giornate bastano a ricordare qualcosa.
-Si a ricordare, non ha capire! Cosa?
Boccaccio.
No, che se ti organizzi è inutile.
Perché per la forza?
-No perché l'anno è di trecento sessantacinque giorni e la
lotta dura -tutta la vita.

85)Noi Star treek a un singolo (SINGLE)
  Come pensate di vivere sulla Terra
Senza organizzazione!   -
Perchè?
-Perché siamo stanchi della guerra

RISOLUZIONE :IL LIBRO.(ah se bastasse metterlo per iscritto)

86)Non si paga ......non si paga ....
 E come si vive?

87) A SCUOLA IL PROFESSORE.....
Un corvo nascose il figlio e lo sposò in casa d'altri, la sorella che non lo era impazzì...
-Pierino, è vero?
- Si, la sposa era una gazza.

88)La famiglia è il bene supremo.... Nessuno lo può distruggere.
-Ma , basta l'amore
No, lo stupro... ti sbagli oggi va di moda la nuova famiglia organizzata.

89)Amare significa essere in due.
-Questo non è amore...è intelligenza... perché un mio amico era da solo ed è morto.

90)Accorgersi accorgersi accorgersi
Risoluzione risoluzione risoluzione
Questo si che è cervello
No, questa è solitudine.

91)Lo stato e il singolo
Un assassino si crea una famiglia, dopo aver ucciso. Non è giusto, dovrebbe pagare col silenzio stampa
Ma vuol dire che era accompagnato dalla Bibbia.

92) Un ladro non viene mandato in galera.
Possibile che ci si meravigli!
Non dopo le guerre.
UN'IDEA INTERPRETATIVA.

93)Tutto ha un valore
-Ho sbagliato quanto mi dai...... la curva di Gauss.

94) Dio non è morto....ma muore oggi giorno con
l'Umanità e risolve dando una speranza. AUTONOMO

95)ATTENZIONE ATTENIONE
 ESPERIENZA ESPERIENZA
E COME MAI?.... POTRESTI SBAGLIARTI.

95)L'ESPERIENZA INSEGNA......
CHI CADE NON CADE PIU'   -

96)l'ESPERIENZA INSEGNA..... NON CI CREDO... COME
MAI? CHIEDILO AD UNO CHE E' CADUTO.

97)Guardia e ladri
Sono morto sono morto
Esperienza esperienza
-speriamo che non sono io a morire.
L'IMPORTANZA DELLA VITA.

98)E' incredibile che nessuno se ne accorga della bugia.
-Pinocchio , si.
Ma è una favola!

Allora le favole dicono la verità.

99)Guardia e ladri
Sono morto, sono morto
Esperienza   esperienza
Oggi sarai con me in Paradiso!
Un'idea stupida ma divina, chi sa cosa ne pensa il
proprietario dell'auto che hanno rubato:
Un tale ascoltando rise dicendo...non ti preoccupare Dio te
ne da cento.

100) La bugia è molto importante-
Allora la 180 VA ABOLITA
  Perché
   I pazzi non ne dicono!

Comunicazione dell'autrice

NELLA SPERANZA DI AVER ALLIETATO CON SEMPLICITA I MOMENTI DEDICATI ALLA LETTURA RINGRAZIA PER L'ACQUISTO E...... ALLA PROSSIMA CON tim e con barzellette e altro

AUTRICE De Felice Gemma

www.ingramcontent.com/pod-product-compliance
Lightning Source LLC
La Vergne TN
LVHW041443170726
843492LV00008B/2775